LE MUSÉE DU XXe SIÈCLE

MAURICE DUBOIS

ARTISTE PEINTRE

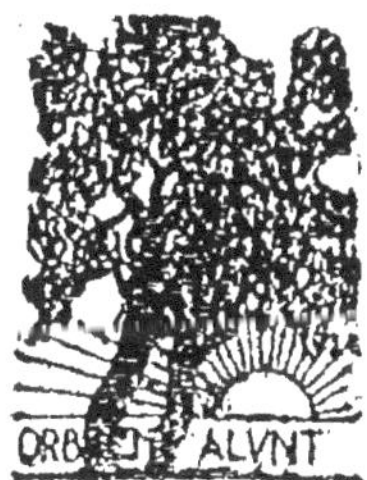

PARIS

EUGÈNE FIGUIÈRE, ÉDITEUR

17, RUE CAMPAGNE-PREMIÈRE, 17

1928

1

MAURICE DUBOIS

ARTISTE PEINTRE

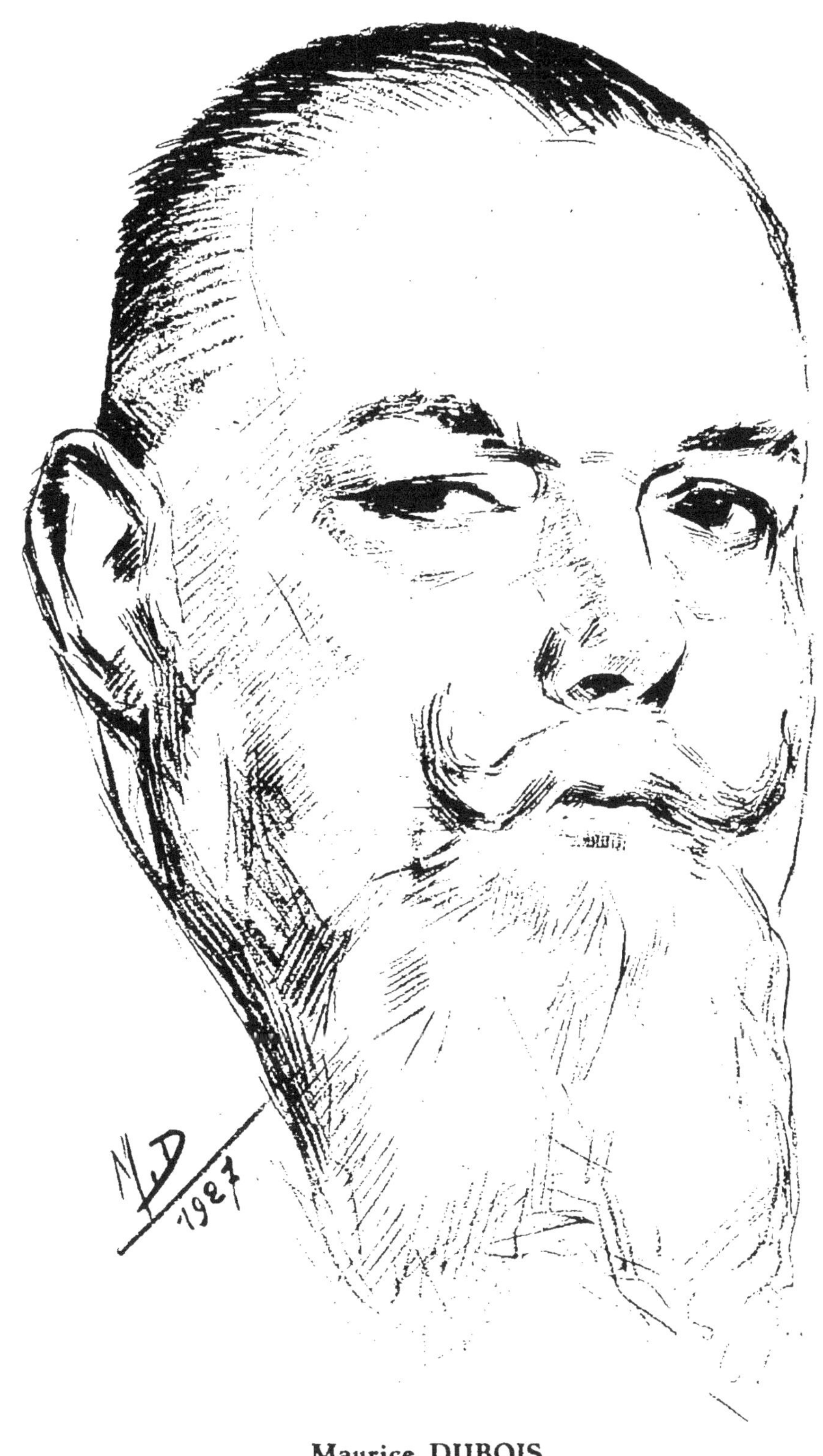

Maurice DUBOIS

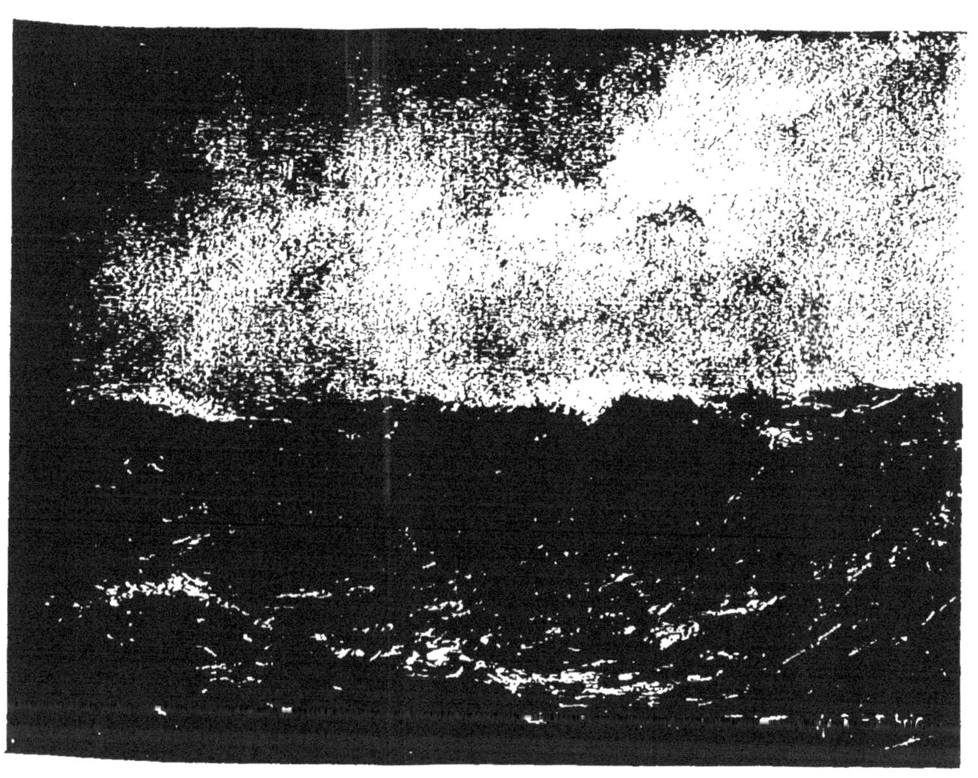

Océano Lox

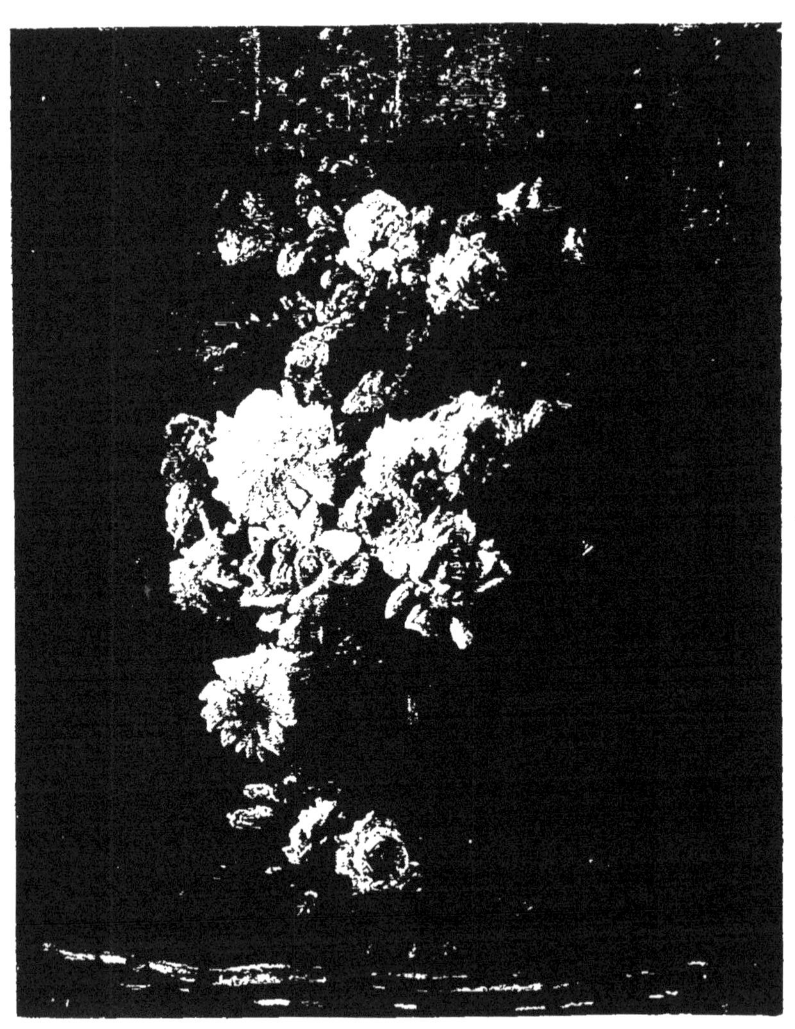

Voluptés de Roses

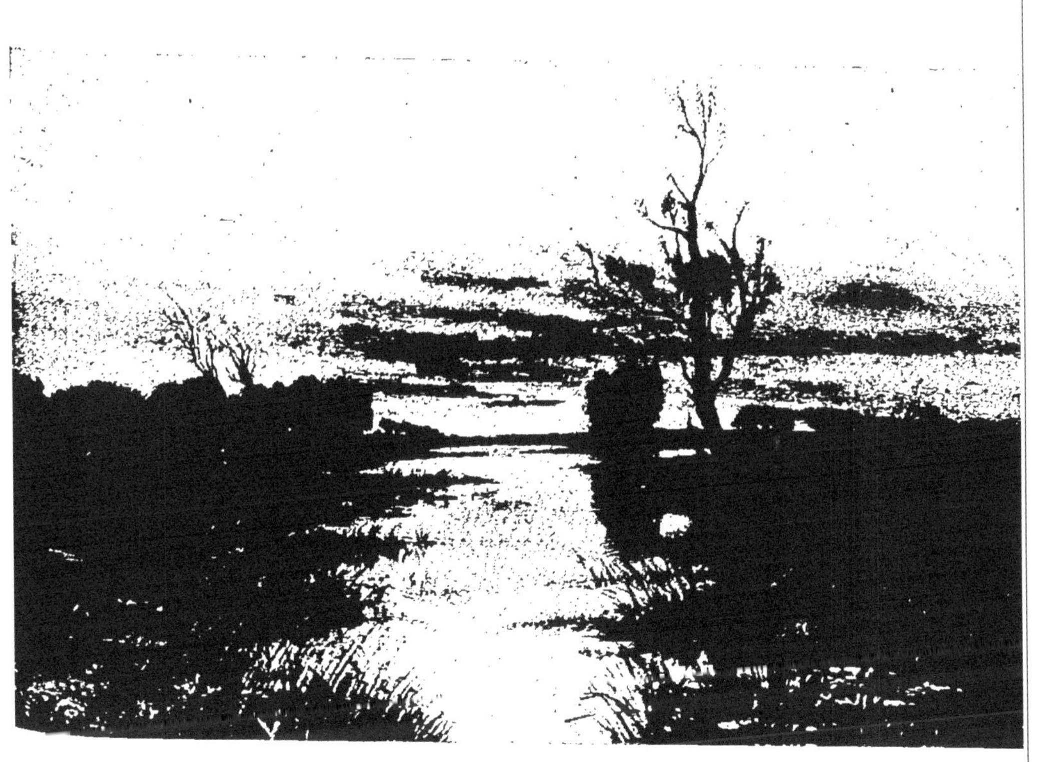

Les Marais de Saint-Gond

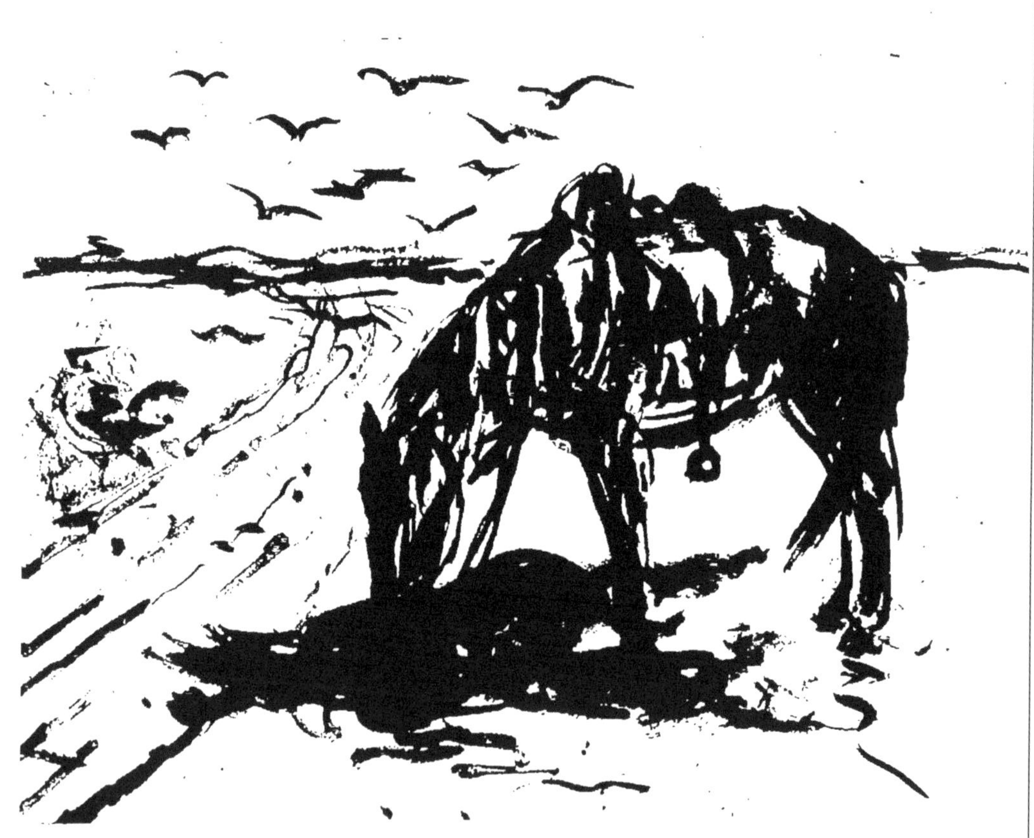

La Mort du Trompette

LE MUSÉE DU XXᵉ SIÈCLE

MAURICE DUBOIS

ARTISTE PEINTRE

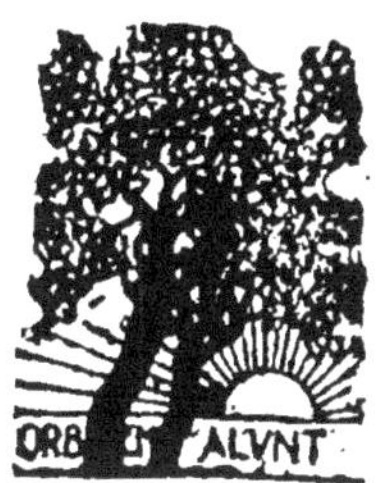

PARIS

EUGÈNE FIGUIÈRE, ÉDITEUR

17, RUE CAMPAGNE-PREMIÈRE, 17

Tous droits réservés

1928

PRÉFACE DE L'ÉDITEUR

Ainsi que les livres, les toiles ont leurs destins.

Il y a les livres et les tableaux bons et mauvais, mais il y a aussi les destins ejusdem farinæ. Et, comme les destins ne sont point soumis aux règles de la logique, la logique étant ici le pseudonyme de la justice, il est d'aventure courante que livres et tableaux d'insuffisante qualité rencontrent le destin bienfaisant, tandis que ceux de l'autre catégorie se heurtent au destin maléfique ou ce qui est pis, ne rencontrent que le silence où ils sont ensevelis.

Les Ecrivains et les Artistes que la critique banderilla dans ce tauril de la renommée n'ont pas à solliciter la compassion du spectateur. Si leur œuvre est d'un précieux métal, si elle est sonore à l'intelligence et à la sensibilité, les créateurs n'ont pas à « s'en faire ». Leur lettre de change sur la postérité ne sera peut-être pas payée à quatre-vingt-dix jours, mais elle sera sûrement soldée plus tard et leur conférera la récompense posthume dont se préoccupa en leur vivant leur appétit de persévération dans l'Etre. Mais combien ont le droit d'être plaints, ceux que la critique n'a jamais bousculés, ceux que les quadriges aux rênes d'or de la Publicité n'ont jamais emportés au delà de la borne du triomphe ou de la simple notoriété!

J'ai souvent soliloqué autour de ce thème et sans cultiver la prétention de corriger le destin, j'ai tenu pour intéressant de déchirer le silence fait autour d'artistes injustement méconnus et de permettre au public de situer à l'échelle légitime des valeurs ceux qui, aux regards des contemporains, n'occupent pas le rang qu'ils méritent.

Nous avons déjà édité dans ce but notre collection des Ecrivains du XXe siècle dont le succès a été considérable et s'accroît quotidiennement et parallèlement à cette collection des Peintres du XXe siècle, un ensemble d'Etudes sur le beau peintre Maurice Dubois.

Les volumes qui suivront celui-ci seront consacrés aux artistes qui ont nom, parmi d'autres, Marcel Lenoir, Gaude Roza, George Bouche et Eugène Narbonne.

Telle sera la première charrette de bons peintres, arrachés à la guillotine sèche de l'indifférence et à ce bourreau dénommé Silence, Torquemada des artistes aux âmes vibrantes et éblouies...

****

Il me reste maintenant à dire pourquoi j'ai tenu à inscrire le nom de Maurice Dubois en tête de cette collection.

J'ai choisi Maurice Dubois parce que le cas de cet

artiste, sur l'œuvre de qui se pencha admirateur le clair regard du grand Claude Monet, est un cas typique. Voilà un peintre dont la vie laborieuse a atteint le cycle de la cinquantaine ; un peintre qui a 1800 à 2.000 toiles dispersées dans les galeries étrangères, de Londres, New-York, Bruxelles, Vienne, dont huit tableaux honorent le Musée de l'Armée. Voilà un artiste qui n'a cessé de se renouveler d'année en année, prenant dans les apports picturaux des Ecoles nouvelles tout ce qui pouvait s'amalgamer avec l'Ecole classique, vivifiant la facture de celle-ci, l'assouplissant de ses mains robustes et l'accordant à toutes les exigences de la vision moderne ; voilà un créateur qui unit au culte de la ligne le culte de la lumière, la passion de la couleur, pétrie à pâte pleine, jetée en touches hardies sous le choc de l'inspiration, sans retouche, ou pour mieux dire sans repentir : et ce créateur est à peine connu du grand public, ignoré des marchands de tableaux, n'a pas son nom dans la liste kilométrique des Hors-Concours, n'a jamais obtenu le moindre billon de médaille et n'a pas la petite blessure rouge au coin de son veston...

Un tel paradoxe était intéressant.

Un vieil ami de Maurice Dubois me donna l'explication du phénomène. Le peintre avait passé trente ans de sa vie à l'Etranger. Ses envois intermittents à nos Salons n'étaient point passés inaperçus, mais leurs succès ne pouvaient être cristallisés. L'Artiste ne ramait point sur la galère officielle du Conseil des Dix et n'avait jamais prêté serment aux Doges qu régnaient tour à tour et l'Arche sainte, portée par les Pontifes, ne rendait point d'oracle en sa faveur.

Et il fallut le retour définitif de l'artiste dans son pays, l'installation de son atelier dans la calme et riante villa Eugène Delacroix, au Vésinet, et ses deux magnifiques Expositions en 1926 et 1927, pour que son œuvre commençât à avoir du rayonnement.

Dans ce volume, consacré à l'Exposition de 1927, illustré de nombreuses et belles reproductions des œuvres citées, nous publions les commentaires les plus importants faits par la Presse parisienne sur l'œuvre de l'artiste Maurice Dubois. Des écrivains comme Henri de Régnier, de l'Académie Française, Paul Brulat, l'un des critiques les plus pénétrants de l'Ecole Impressionniste, comme Georges d'Esparbès et Edouard Helsey, pour ne citer que ceux-là, diront ce qu'ils pensent de Maurice Dubois, peintre d'Histoire, peintre de la figure, paysagiste impressionniste et magnifique interprête des splendeurs florales : l'un des artistes les plus compréhensifs et les plus complets de notre temps.

La collection des Peintres du XXe siècle dont nous poursuivons la publication avec une inlassable constance et une artistique ferveur ne pouvait débuter plus heureusement.

EUGÈNE FIGUIÈRE.

N. B. — *J'ai le plaisir d'ajouter, que monsieur Edouard Herriot, touché par notre appel et désireux de rendre un hommage personnel au grand talent de Maurice Dubois, vient de l'élever au grade de Chevalier de la Légion d'Honneur dans la dernière promotion de l'Instruction Publique.*

La grande œuvre de Maurice Dubois

Je vis MAURICE DUBOIS, et m'entretins avec lui avant de connaître son œuvre. Une première impression, une conversation suffisent parfois à révéler un homme, une intelligence. Ce regard franc et droit, cette simplicité, cette voix et tout ce qu'elle disait, annonçaient une philosophie sereine, un esprit sans prévention, quelqu'un qui pense vraiment par lui-même. Spectacle rare, en ce temps de bluff, de snobisme, de réclame outrancière, où tant de gens, échos plus ou moins sonores, reflets plus ou moins brillants, se croient sincères qui ne sont qu'impressionnés. Sous cette bonhomie, je sentais une âme ardente, éprise d'un idéal qui avait résisté aux déceptions, aux coups du sort, aux épreuves de la vie, et entretenait en elle une flamme qui ne s'éteindra jamais.

Mais c'est encore par son œuvre qu'on se révèle le plus complètement, le plus profondément. Je visitais l'atelier de MAURICE DUBOIS dans sa charmante demeure du Vésinet, où ne pénètrent que de rares amis et de vrais connaisseurs. La plupart de ses toiles étaient là : quarante ans de labeur et de création, attestant la passion de la vie et de la vérité, de la nature entière dans son immense et splendide variété, avec cette invincible fierté d'être soi, sans laquelle on n'existe pas en art. C'était le drame humain, adouci par des paysages, des fleurs, des marines, qui se déroulait sous mes yeux, dans ces savantes compositions évoquant les grands évènements de l'Histoire. Le puissant réalisme de l'école flamande et l'éclat des Impressionnistes modernes s'harmonisent dans cet art de lumière et de vérité. Mais en s'instruisant du passé des grands peintres de la Renaissance, à Florence et à Venise où il vécut deux ans, puis en Espagne, MAURICE DUBOIS n'en affirme pas moins sa forte personnalité faite de sincérité et de sensibilité, d'une conception pathétique de la vie. Peintre d'Histoire, ce sont les scènes les plus émouvantes et tragiques qui sollicitent son pinceau. Voici *Danton à la tribune de la Législature* lançant un cri superbe : « *De l'audace, encore de l'audace, toujours de l'audace !* » Voici le champ de bataille de *Waterloo ;* et voici encore, tout près de nous, le grand drame dont il fut lui-même témoin, aux heures les plus plus angoissantes de nos destinées : *L'Exode des réfugiés des sans-foyer, fuyant devant l'invasion,* à la fin d'août 1914.

Peintre aussi de portraits, MAURICE DUBOIS se révèle psychologue, cherchant à pénétrer les âmes et les laissant deviner à travers les visages qui ne mentent pas, parce qu'ils reflètent la vie intérieure de chaque être et portent les stigmates du destin.

Demeuré dans la grande tradition, ayant beaucoup vu et beaucoup appris, s'inspirant des Maîtres anciens, tout en bénéficiant de ce que les évolutions successives ont apporté à l'Art, MAURICE DUBOIS apparaît comme la plus vivante preuve que l'étude et la science, le respect du passé, loin de diminuer notre originalité, l'enrichissent au contraire, nous aident à nous découvrir, à nous connaître, favorisant l'épanouissement des dons naturels. L'ignorance ne fut jamais un signe de génie et l'aimable naïveté ne produit en art que des balbutiements.

On peut s'étonner que ce grand peintre ne soit pas plus honoré de faveurs officielles. Sans doute s'est-il souvenu de la fière parole de Flaubert : « Quand on est quelqu'un, il est misérable de vouloir être quelque chose! » Il est vrai aussi que le temps qu'on emploie à être quelque chose, on le perd à devenir quelqu'un. Eloigné des coteries et des intrigues, ne se souciant pas de conquérir des prôneurs, il borna son ambition à réaliser sa conception de l'art, à mettre dans son œuvre toute sa probité, sa conscience, sa foi profonde.

Evidemment, ce n'est point d'un tel homme qu'un marchand de tableaux, un de ceux qui créent les vogues, se fût avisé de dire : « *A du talent qui nous voulons* ». Son éloignement explique aussi le silence qui trop longtemps se fit autour de MAURICE DUBOIS. Il passa trente ans à l'étranger séjourna en Italie, en Espagne, en Hollande, en Angleterre, en Belgique, visita tous les musées d'Europe, sans cesse avide de voir, d'apprendre, d'admirer. Son existence illustre le vers fameux de Virgile : « On se lasse de tout, excepté de comprendre ». Mais Paris, qui seul consacre les renommées, tient rigueur à ceux qui trop souvent s'en éloignent. Les absents ont tort, et ce vieux proverbe semble vrai surtout pour les peintres.

Cependant, bien qu'il ne soit point connu comme il devrait l'être et n'ait pas encore la place qu'il mérite, MAURICE DUBOIS garde à travers le monde des admirateurs fidèles qui parviendront à l'imposer. Ce livre annonce une gloire naissante qui résistera à l'épreuve du temps. Tout a une vie, une âme : les êtres et les choses. C'est ce qu'a profondément senti MAURICE DUBOIS. C'est le don de « *faire vivant* », d'animer tout ce qu'il peint, qui caractérise son talent. C'est à cette conception de l'Art que s'élève son intelligence; en cela aussi que consiste son idéal. Chacune de ses toiles exprime une pensée, l'ensemble de son œuvre un amour qui s'étend à tout ce qui vit, à tout ce qui souffre, à la Nature entière. N'est-ce point la plus belle raison d'être et le secret de ce fécond optimisme qui étonne chez un homme auquel rien ne fut épargné? Il aime la vie, à cause même du courage qu'il faut pour la vivre, et plutôt, nous dirait-il, de la souffrance seule que le renoncement à ce qu'on a en soi d'humain et de vibrant.

Contrairement à tant d'autres qui se confinèrent dans une manière, refirent le même tableau, MAURICE DUBOIS s'est renouvelé sans cesse par l'étude, la méditation et l'expérience. Plusieurs êtres, il est vrai, se succèdent en nous. Le paysage étant un état d'âme, selon Stendhal, ou le monde extérieur un phénomène cérébral, comme l'a dit Schopenhauer, on ne voit pas les choses, à cinquante ans comme à vingt ans.

L'œuvre de MAURICE DUBOIS s'en ressent, marquant plusieurs étapes dans son évolution intellectuelle et morale. Mais toujours chez lui domina le souci classique du dessin et de la composition, avec la passion de la couleur. Par dessus tout s'affirme en ce puissant artiste, si Français par son caractère, ses aspirations et ses inspirations, une foi profonde au renouveau promis à qui lutte, qui espère, travaille et ne s'avoue jamais vaincu.

Tel est l'enseignement qui se dégage de cette vie et de cette œuvre. Dans celle-ci une toile a particulièrement arrêté mon attention, parce qu'elle montre le penseur noblement préoccupé des grands problèmes sociaux. C'est *Le Retour à la Terre*, à la vieille terre de France que déserte toute une jeunesse attirée par le mirage des immenses cités modernes où se perdent tant de déclassés, de déracinés. De nos jours, la terre qui nous fait vivre manque de bras. La prospérité de la France est agricole plus qu'industrielle. C'est une des questions les plus angoissantes de notre temps que cet exode des campagnes. Le retour au sol natal, là est le salut du pays, de la race. Sans doute Maurice Dubois pense-t-il comme Rousseau : « Les hommes ne sont point faits pour être entassés en fourmilière, mais épars sur la terre qu'ils doivent cultiver. Plus ils se rassemblent, plus ils se corrompent. »

Certains apôtres de l'art pour l'art nous diront sans doute qu'un peintre ne doit se soucier que de voir et d'exprimer la nature à travers son tempérament. N'est-ce point là une conception par trop limitée et contre laquelle s'élève justement Maurice Dubois, estimant qu'un peintre ne peut que grandir en demeurant un penseur, un philosophe, un idéaliste, en un mot un homme complet.

Et c'est par cela que son œuvre me paraît destinée à prendre une plus grande place, celle qui lui est due, dans l'art contemporain.

Paul Brulat,
Homme de Lettres,
Inspecteur aux Beaux-Arts.

Œuvre d'un peintre d'histoire

J'ai connu MAURICE DUBOIS, il y a une trentaine d'années.

J'étais allé à Waterloo, entraîné par la mélancolie et les voluptés d'un culte que je n'abandonnerai qu'à la tombe, et je parcourais, dans une sorte de délire dont j'ai gardé confusément la mémoire, cette plaine où succomba le dieu de la Guerre et de la Paix, ce Napoléon sans limites connues, dont l'Allemagne jalouse avait dit un jour, le voyant entrer dans sa ville de Dusseldorf : « — J'ai vu passer à cheval l'âme du Monde. » — Et nous parlions de cet homme-là !...

D'ailleurs, sur ce peu de terre, de quoi parler qui ne fût point Waterloo, la mieux engagée, la plus « certainement » gagnée des batailles de l'Empereur — et qui fut perdue... Et j'admirais, tout en le partageant, l'enthousiasme de mon compagnon.

Des accents superbes, une conviction appuyée sur la connaissance de l'histoire. Et j'entends encore cette voix, dans un soir rouge qui ajoutait peu à peu son ombre à nos pensées. « ...Oui, la bataille à gagner, c'était Ligny !

Quatre-vingt-sept-mille Prussiens avaient été battus en six heures par soixante-cinq mille Français.

« Voyez de ce côté... Restaient les Anglais, massés aux Quatre-Bras. Malheureusement, quatre heures perdues, les Anglais décampent. On a dit que Napoléon, dans un mouvement de pitié, avait ordonné un repos de quatre heures à ses troupes. Peut-être bien, mais on a prétendu encore qu'Il était fatigué. A d'autres! Dès neuf heures, il est sur le champ de bataille, il n'en sort qu'à la nuit, avec ce qui restait des derniers carrés de ses grognards. Quatre-vingt seize heures à cheval!... Est-ce là un homme qui craint la fatigue? Est-ce là un homme malade, sans énergie?... Il faut voir ailleurs les causes de la défaite : méprises, négligences, paresse de toutes parts; ordres mal compris, portés comme à regret: des chefs qui n'en pouvaient plus. Et cependant un plan unique, et quelles troupes pour l'exécuter! Mais Napoléon présent partout à la fois, c'était impossible. L'apathie, le manque de cran de ses généraux lui firent faire, au lieu de son métier de chef, celui de sergent. Cette bataille, qui devait être la plus aisée de toutes, devint à ce moment la plus redoutable pour les Français. Si vous voulez bien, nous allons sur place en évoquer les chances et les difficultés. Prenons ce chemin, suivez-moi. »

Et j'assistai, en l'espace de trois heures de marche, à une reconstitution de la bataille de Waterloo, par l'homme qui en connaissait les moindres détails, par l'artiste qui devait un jour en développer sous nos yeux tout le pittoresque héroïque dans toute la grandeur désespérée. Une « fresque » devait s'édifier bientôt sur ces énergiques souvenirs.

Un émouvant cortège d'œuvres : *Compagnons de Gloire;* dans un paysage neigeux. Un cuirassier blessé à la tête porte sur ses épaules un grenadier de la Garde, blessé à la jambe; il est suivi d'un troisième blessé, le cheval (ce cheval qui apparaît constamment sur les toiles de MAURICE DUBOIS, et rien n'est plus difficile et délicat que l'étude des mouvements d'un cheval) ; *La Mort du Trompette,* grande toile exposée aux Artistes Français en 1914, inspirée par un épisode de la Campagne de Russie, et dont, là encore, toute l'émotion se concentre sur le cheval du « houzard », dans la pitoyable caresse dont il réchauffe le visage de son maître ensanglanté et couché à terre... Un dyptique peint à la gloire du 9ᵉ de Cuirassiers : *Waterloo :* — « *Avant la Charge — Après la Charge* ». Une plaine au couchant, la sérénité martiale, le rigide alignement des cuirassiers qui savent que la chose tout à l'heure sera « sérieuse », que Napoléon va leur demander la victoire ou la vie; et muet, immobile, le régiment semble répondre : Tout pour Toi ! — Autre tableau : Une clameur, un sabre qui scintille : *En Avant!* Et voici le départ en trombe, étendard claquant au vent, les rouges trompettes s'époumonnant sur leurs gros chevaux joyeux, balafrés de vieilles entailles. Et pour terminer cette fresque épique, le peintre ouvre à nos yeux le panorama sinistre où Dieu ameuta les géants : trois tableaux hors pair, de main de maître, dignes de leur formidable sujet :

La Veille de Waterloo.

Waterloo, Huit heures du soir.

Le Monument Français de Waterloo.

Et voici, admirable de netteté, en style militaire dédaigneux de vaines images, l'historique récit d'un des multiples aspects de ce formidable événement, que MAURICE DUBOIS, qui sait sa bataille par cœur, me répète d'une voix grave, émue, comme le poète lorsqu'il parle de ses dieux morts.

« L'Empereur était arrivé à la ferme du Caillou, vers huit heures du soir. A dix heures, il décide de tenir un conseil de guerre. Il pleut à torrent. Soudain, un bruit se fait entendre. L'Empereur appelle un aide de camp et l'envoie sur la route se renseigner. L'aide de camp revient et dit à l'Empereur :

« Sire, ce sont les Cuirassiers de la brigade Millaud qui vont prendre leurs positions de combat... »

« Suspendons un instant le conseil de guerre, dit l'Empereur, je tiens à me rendre compte du moral de mes troupes. Soult et vous, Ney, suivez-moi ! »

Tous les trois se rendent au coin du verger, pour voir défiler les Cuirassiers.

Aussitôt, l'Empereur est reconnu. Les Cuirassiers mettent sabre au clair et crient : — pour la dernière fois — « *Vive l'Empereur!...* » pendant que les trompettes sonnent : *Aux Champs.*

MAURICE DUBOIS s'est tu. Et je reviens tout frisonnant de pensées, devant cette terrible vision : *Waterloo, Huit heures du soir,* où le peintre a évoqué les magnifiques tristesses de la guerre : vaste plaine où gisent les hommes, les chevaux, les drapeaux, les affûts, les caissons, les Aigles. Au loin, la Haie Sainte en flammes et la fumée d'un dernier canon : le glas de l'Empire... dans la pourpre d'un soleil qui se couche, qui va mourir — comme tout meurt.

... De l'Empereur et de son Empire, soit, mais non le glas de la gloire. Un glas, pour la France, cela se termine toujours en Angélus. Et n'est-ce pas sur un horizon d'angélus, dans une fraîcheur matinale, presque religieuse, que cette petite fille d'aujourd'hui vient faire le don de ses fleurs à l'Aigle blessée de Waterloo ?...

Le Maréchal Lyautey disait un jour, parlant de l'avenir du Maroc :

« Un but, un plan, des moyens. »

Ces trois mots, ces trois idées mères s'appliquent exactement à la vie et à l'œuvre du peintre MAURICE DUBOIS.

Découvrir à soi-même un horizon aux larges plaines où l'on puisse recevoir, grouper, manœuvrer ses moyens.

Organiser dans son esprit et son cœur tout un cortège de sentiments et d'images qui ne seront jamais trahis, quel qu'en soit le bon ou le mauvais sort.

Imposer à sa vie une discipline de travail inflexible.

Dès lors on peut marcher. Une existence animée d'un tel dessin ne saurait connaître la défaillance. Un artiste se voue à des fautes certaines, sinon à l'échec, s'il ne sait pas retirer du principal l'accessoire, pour le rejeter loin de lui.

Mais voici un homme qui ne s'est pas gaspillé, qui a concentré, ramassé en hauteur toutes ses forces, pour s'élancer vers un idéal, non avec l'orgueil d'y atteindre, mais avec l'espoir de le respirer de plus haut, de l'apercevoir de plus près.

Vers quelle ascension gigantesque le peintre MAURICE DUBOIS a-t-il exercé les ressources de son dur et fier talent? D'abord, à célébrer la gloire de la France. Ce serait assez pour mobiliser les efforts de toute une vie.

Mais, entre deux tableaux de bataille, après la peinture d'un héros, l'inspiration du peintre s'est humanisée.

Les champs de mort se transforment. Autour de lui, dans le matin naissant, s'exalte la beauté des jardins. Une rose tremble sur sa tige, elle défaille; verra-t-elle son dernier soir?... L'artiste prend ses pinceaux : par le trait et par la couleur, et par le don de son âme, il suspend une minute l'agonie de la rose. Elle va mourir. Elle meurt... Mais la main s'arrête, le tableau est terminé, la rose est peinte, la rose revit pour toujours.

Hélas! il y en eut une, naguère, qui parfumait cette maison accueillante... mais seuls les jardins du ciel ressuscitent ces roses-là...

GEORGES D'ESPARBÈS.
Palais de Fontainebleau.

Maurice Dubois, l'homme et l'artiste

Je revois MAURICE DUBOIS dans le vaste rectangle de la cour ombreuse du Collège Girondin qu'emplissaient nos ébats de poulains ébroués. Il est de ces camarades dont l'image falote m'apparaît, quand je me tourne vers le miroir du Passé, comme figée dans la lumière diffuse d'une toile de Carrière. Ce sont des fantômes. MAURICE DUBOIS adolescent se dresse devant ma vision net, vivant, « sculpté » en arrêtes vives comme un portrait de Rembrandt et coloré à l'instar de ces infants d'Espagne campés par Velasquez. Après quarante-cinq années, je le revois avec ses yeux superbes où une goutte de lumière vibre dans le lac noir du regard : yeux sombres, profonds, legs probables d'hérédités arabes, tel qu'il était au fil de la quinzième année.

Au physique, sa crinière noire, ses pupilles noires se détachant sur un front large, bombé d'une belle matité, ses lèvres sensuelles, rouges comme deux moitiés de cerise juteuse, ont forgé mon souvenir.

Au moral, d'après certaines pages écrites au livre de la mémoire, je retrouve une intelligence claire, saine, une volonté parfois brutale dont les éclats sont estompés de bonté, une indépendance qui a des accès fougueux comme un vent d'orage.

Et le MAURICE DUBOIS artiste, peintre de paysages, de marines, de fleurs et de portraits, est resté le MAURICE DUBOIS des quinze ans, tel que je le ressuscite aujourd'hui.

La Vie, avec ses coups durs n'a pas eu de prise victorieuse sur ce bloc humain, n'a pas entamé ce caractère, solide, trempé dans le creuset d'une race millénaire de terriens, enracinés au sol de Guyenne, tordus au passage des tempêtes séculaires comme leurs ceps vigoureux, mais demeurés inébranlables sous la tornade. Le pessimisme n'a point fait couler son vitriol dans les veines de MAURICE DUBOIS. Son bel équilibre mental n'a jamais reçu l'assaut des formules byzantines. Voué, dès sa prime jeunesse, au culte de la Beauté classique, il n'a jamais fait acte d'athéisme envers la divinité de l'art. Il est resté l'amant passionné des formes harmonieuses, l'adorateur respectueux de la ligne et, tout en restant de son époque, tout en animant ses toiles du frisson de la vie moderne, il n'a jamais rien sacrifié au snobisme, ni entr'ouvert les fenêtres de son atelier sur les jardins artificiels de l'art décadent.

Des plumes plus autorisées que la mienne commentent ici l'œuvre picturale de MAURICE DUBOIS. Je me suis uniquement promis d'extérioriser la personnalité de l'artiste, à l'usage de ceux qui, aimant le peintre, voudront lier plus intimement connaissance avec l'homme.

*
* *

— Eh! là-bas! le Peintre?... Vous aurez deux heures d'arrêts. On ne cause pas en étude?...

Cette voix qui retentissait en 1884 — voix d'outre-tombe, n'est-ce pas? — et qui sonne encore à mon oreille, est celle de l'abbé Denille, tonitruant préfet des études du Collège, brave et rude homme, au masque sévère et coloré, aux gestes larges déplaçant une masse d'air, et qui semblait descendre d'un cadre de Teniers.

Le « Peintre » apostrophé était MAURICE DUBOIS, car, déjà, tout le monde l'appelait le « Peintre ». Il avait quatorze ans, et, à ce moment dramatique, il parlait à l'auteur de ces lignes qui, lui aussi, était déjà journaliste et dirigeait un bulletin sportif : *Le Petit Stade*, étouffé au troisième numéro dans l'étau des phalanges du terrible préfet de police scolaire, et dont MAURICE DUBOIS était le Sem, le Cham et le Japhet.

— Deux heures d'arrêts! murmura le « Peintre » entre ses dents éclatantes de jeune loup!... Ça m'est égal. C'est pas ça qui m'empêchera de dessiner. Et, à la récréation suivante, à l'abri de l'arbre du supplice, le futur artiste, son crayon courant sur la piste blanche d'une page d'album, croquait professeurs et élèves, tandis que nos balles basques flagellaient dru le mur des buts.

La vocation artistique avait tôt lancé son appel au jeune garçon et quand, à la fin de sa dernière année scolaire, alors que le « Peintre » s'était payé le luxe de rafler tous les premiers prix de sa classe, le choix d'une carrière devint impérieux, l'appel du pinceau se changea en clameur.

M. Dubois père, viticulteur et gros négociant en vins comme tout Bordelais qui ne veut pas déchoir, assied le jeune humaniste dans un confortable fauteuil de bureau. Mais il eût fallu enchaîner deux pieds à quatre pieds ! Avec la complicité de la maman, les évasions pour l'Ecole des Beaux-Arts de la cité de Rosa Bonheur se multiplient. Le génial artiste Maxime Lalanne, le savant technicien Albéric Dupuy, professeur de peinture à l'Ecole, qui fut condisciple du père, avec Mounet-Sully et Paul Mounet au Collège de Bergerac et qui, tous, sont les familiers de la maison, protègent le « Peintre » en qui ils ont découvert la petite flamme qui plus tard deviendra une torche ardente. Un jour, qui ne fut pas un beau jour, il y eut de la casse. M. Dubois père apprit les évasions. Il y eut une comparution pathétique devant le tribunal familial. Les avocats, Maxime Lalanne et Albéric Dupuy, ne réussirent point à enlever l'acquittement dans cette affaire de crime passionnel lèse-négoce.

La passion artistique ne pouvait être une circonstance atté-
nuante pour le prudent et probe viticulteur-négociant qui
rêvait de laisser à son fils la belle situation commerciale
qu'il lui avait préparée.

Et le verdict fut prononcé.

Le jeune Maurice devait immédiatement mettre le
régiment entre lui et l'Ecole des Beaux-Arts et il s'enga-
geait au 21e chasseurs à cheval à Limoges. La punition
ne devait pas être plus opérante que la punition infligée
quelques années auparavant par le préfet des études.

— Ça ne m'empêchera pas de dessiner! s'était écrié le
potache. Le régiment ne m'empêchera pas de peindre,
avait-il dit, *in-petto*, en courbant la tête sous l'orage. Et
s'il s'était engagé à Limoges, ç'avait été parce que Limoges possédait à cette époque — nous sommes en 1887
— une Ecole de peinture en renom.

Ses classes terminées, il s'y était fait inscrire, et,
durant trois années, il avait travaillé avec frénésie, s'assi-
milant, sous la direction de maîtres éminents qui l'affec-
tionnaient, tous les secrets de la technique.

1890! MAURICE DUBOIS s'est séparé de son fidèle
alezan doré. Il vient de franchir l'huis du home familial.
Son père tue le veau gras en son honneur, mais il n'a
point dépouillé le vieil homme. Le colloque interrompu
en 1887 est repris ,et à l'instar du divin maître de l'Ecole

Italienne, l'ex-chasseur à cheval s'écrie : *Anch' io sono pittore !*

— Tu seras négociant! répartit le père.

C'est un Dubois qui parle à un Dubois. La volonté est d'un acier sans paille chez le père et le fils. Les deux électricités sont de même nom et se repoussent. L'étincelle de l'accord ne jaillit pas.

— Il n'y a jamais eu d'artistes dans ma famille, s'écrie à nouveau le père, et il n'y en aura jamais!...

La parole définitive était formulée. Chez les deux interlocuteurs la cristallisation était définitive.

— Eh bien, père, je partirai !...

Il partit !...

L'Italie l'avait tenté à l'Ecole des Beaux-Arts, mais il avait senti que la communion parfaite avec les chefs-d'œuvre des maîtres était incompatible avec les soucis de l'existence matérielle. Il voulait mettre le pied sur la terre sacrée, à la condition d'avoir la légèreté du chamois et il partit pour l'Amérique.

Il a vingt-deux ans. Son bagage était léger. Comme trésor, une soixantaine de toiles, mais le cerveau était lourd d'espérances. Le peintre était jeune et audacieux. La fortune l'aima et le favorisa. Un an plus tard, me disait-il, « je revenais en France avec cent billets ! » Ce retour s'effectua en novembre 1892. Le peintre débarquait à Sainte-Adresse chez Sarah-Bernhardt qui l'avait connu au cours d'une tournée triomphale et qui avait fort estimé le talent du jeune ami des Mounet. Il respire à pleins poumons l'air pur de ce paradis, se gave de beaux vers, et, libéré pour un temps des soucis matériels, n'ayant plus à faire le coup de poing il peut vivre enfin son rêve dans la campagne romaine, profiter de ce « Prix de Rome » qu'il s'est gagné et jouir des plus belles richesses d'émotion.

En quittant Sainte-Adresse, et avant d'entreprendre son voyage d'Italie, MAURICE DUBOIS s'arrêta à Paris, le cerveau gonflé d'enthousiasme.

Il avait hâte d'obéir à l'aimantation qui se dégageait de ce foyer de l'art où, à son tour, il allait jeter sa bûche incandescente. Il lui tardait de se mêler aux allumeurs de flambeaux. Il arriva, il se joignit aux cohortes de jeunes peintres, regarda le spectacle avec ses yeux intelligents et, bientôt déçu, il comprit qu'il ne ramerait pas longtemps sur la galère. Le jeune artiste était, en effet, tombé en pleine bataille. La mare des Académistes recevait les coups de cailloux lancés par les Impressionnistes, et, à leur tour, les derniers rejetons de l'Ecole de David ripostaient en jetant un impitoyable interdit sur toutes les toiles que les « révolutionnaires », jamais lassés et certains du triomphe futur, envoyaient aux Salons Officiels.

MAURICE DUBOIS, qui n'avait pas encore fait les pèlerinages d'Italie et d'Espagne, mais qui était déjà un amant passionné de la lumière, ne se contentait pas, à l'instar des « Académiques », de peindre la couleur locale du sujet, mais de la traduire transposée dans la lumière qui l'enveloppe, subit immédiatement l'attirance des Impressionnistes. Cette influence des Manet, Renoir, Pissaro, Claude Monet et autres ne devait s'exercer réellement que plus tard sur le jeune artiste, mais il était déjà dans le sillage. On comprend, dès lors, comment il ne s'accommodait que bien malaisément de ses contacts avec les pontifes de l'Académie, dont, en ce temps-là, M. Bonnat était l'archidruide, sacrifiant impitoyablement sur l'autel des honneurs tous ceux qu'il considérait comme des hérétiques.

Toutes les faveurs étaient monopolisés par les « Bayonnais », ainsi qu'on désignait les élèves et thurifaires de l'homme des Basses-Pyrénées.

Maurice Dubois jugea l'air trop lourd. Réfractaire à l'intrigue, n'ayant jamais su porter la cassolette d'encens, il secoua, un beau jour, ses sandales sur le parvis de l'Ecole des Beaux-Arts et partit pour la campagne romaine.

Il demeura en Italie pendant deux ans. Son talent déjà vigoureux s'affine. Il scrute les toiles des maîtres avec une application minutieuse. Florence l'attire et le fixe durant quelques mois. Il gardera de ce séjour une empreinte ineffaçable, de même que de Venise.

L'Espagne séduisit ensuite ce pèlerin passionné de l'Art. Il en revient le regard ébloui de lumière et de couleur. MAURICE DUBOIS a donc communié intimement avec les maîtres italiens et espagnols. Il lui reste à faire cohabiter sa pensée et sa vision avec les maîtres flamands.

En 1895, nous retrouvons MAURICE DUBOIS à Bruxelles. Avant d'y installer son chevalet, il a fait le tour des musées. Il a communié fervemment avec les grands maîtres flamands et, quand il a terminé ses visites aux artistes du Passé, il vient regarder les œuvres des contemporains.

Le jeune peintre, hors de sa patrie, loin de ses parents et de ses amis, est émerveillé de l'accueil qui lui est fait. Aujourd'hui encore, il nous parlera avec émotion de la franchise des clairs regards qui se croisèrent sur les siens, de la sincérité de l'étreinte des mains qui pressèrent les siennes.

Ici, la Cabale des « Bayonnais » ne sévissait pas. Aucun pontife ne prêchait un dogme intangible. On cherchait, on travaillait, on s'enthousiasmait.

Cette première période bruxelloise, qui fut suivie d'autres périodes sur lesquelles le cadre de cette simple esquisse ne me permet pas de m'appesantir, fut une période féconde pour MAURICE DUBOIS. Il se lie avec Jules Verlat, Emile Verbrugge, James Ensor, Constantin Meunier, Jef Lambeau, Willem Delsaux, Emile Hœterickx et Jean

Colin, qui lui accordent leur fraternelle sympathie. Il devient le familier de Georges Rodenbach, Camille Lemonnier, Emile Verhaeren et d'Yvan Gilkin, qui aiment son tempérament artistique, sa fougue, sa franchise et sa générosité. Mais ce sont surtout les peintres qu'il fréquenta assidûment.

Le spectacle pictural est ici tout différent de celui qu'il considéra à Paris. A Bruxelles, les peintres impression nistes ne sont pas des « fauves » et la réplique professorale d'un Bonnat n'existe pas. Non seulement des peintres, mais encore les critiques et les experts officiels sont épris de la facture impressionniste. Claude Monet, Degas. Renoir, Manet, Sisley, sont considérés comme les Dieux. MAURICE DUBOIS subit fortement l'emprise des peintres belges de cette époque. Il fait abstraction complète de sa première manière. Il conserve son culte de la ligne, son respect du dessin, mais il devient enthousiaste de la couleur. Il comprend que le « fignolage » de la peinture léchée annihile l'inspiration, et il se met à peindre à touches larges, jetant la couleur d'un seul jet, plaquant des tonalités fougueuses et réussit à acquérir une technique audacieuse qui lui permet de réaliser une œuvre robuste traduisant pleinement sa vision.

Au cours de très intéressantes conversations que j'eus avec MAURICE DUBOIS, dans son atelier, le peintre me dit souvent tout ce qu'il dut, en cette première période bruxelloise, à son ami Jean Colin, l'un des peintres les plus représentatifs de l'école belge contemporaine.

Jean Colin, fervent de la couleur, travaillant en pleine pâte, encouragea l'artiste à suivre sa voie nouvelle, à secouer complètement le joug académique, à être « soi » avant tout et à faire « vivant ».

L'influence du bel artiste qu'est Jean Colin sur MAURICE DUBOIS fut tout à fait heureuse et celui-ci, qui est resté son admirateur, ne nous a pas caché toute la gratitude qu'il devait à celui-là.

La technique des peintres belges eut donc une emprise importante sur la technique de MAURICE DUBOIS, mais l'artiste demeure essentiellement Français par la pensée, par l'orientation idéaliste, et, somme toute, par la composition dont il a le plus grand souci.

MAURICE DUBOIS, peintre réaliste, pinceau puissant, est, ainsi qu'on peut le constater en regardant ses toiles importantes, un grand idéaliste. Ses tableaux sont toujours évocateurs. La gaze transparente de la lumière recouvre toujours une idée. Il y a du mystère sous les empâtements, au milieu des jeux subtils des valeurs et l'équilibre des volumes.

L'ensemble donne le choc à une pensée, ou à une émotion. Certaines de ses toiles me font penser à un poème de Valéry.

C'est de l'impressionnisme dans la plus esthétique acception du mot.

En 1898, il se marie à Bruxelles avec celle qui est restée la compagne la plus aimante, la plus compréhensive et la plus dévouée, et fonde un riant foyer qui, hélas, quelques années plus tard devait être douloureusement dévasté...

Il fréquente assidûment l'Ambassade de France et il est de toutes les manifestations organisés pour entretenir et accroître l'amitié franco-belge. Et ce fut à la suite des nombreux services qu'il avait rendus à la cause française que M. Klobukowski, ministre plénipotentiaire, demanda pour l'artiste la croix de la Légion d'Honneur. Les ministres proposent mais ne disposent pas. Et MAURICE DUBOIS attend depuis 1910 la récompense qui lui est due. Nous sommes en 1927. Je n'insiste pas !...

Il expose dans les Salons bruxellois et au Cercle Artistique et Littéraire, où il compte parmi les membres les plus en vue. Il fait partie des Juris d'Exposition et sa situation artistique et mondaine était des plus enviables quand l'ouragan de la Grande Guerre se déchaîna.

MAURICE DUBOIS ferme aussitôt son atelier et répond présent à l'appel du pays. Le Peintre patriote fera son devoir. A trois reprises, il va au front comme peintre attaché aux armées, et son pinceau ardent, vengeur, enfiévré, objectivera sur la toile des impressions grandioses où l'on sent courir le vent tragique de la tourmente, où seront traduits de nobles idées et de prestidigieux symboles. Parmi ces toiles, je citerai : *L'Exode, Le Sans-Foyer, Sous la botte allemande, L'Outrage, Qu'ils y viennent, Sunt lacrymæ rerum, Les Marais de Saint-Gond, Le Retour à la Terre, L'autre Tranchée, Les deux Sacrifices, T'en fais pas, Mère !... On les aura !* etc., etc.

Le sol de France et de Belgique ne frémit plus. Il n'y a plus que des ruines qui parlent. MAURICE DUBOIS retourne à Bruxelles (janvier 1919). Son hôtel a été occupé par les Allemands, saccagé, pillé. Le peintre constate, une fois de plus, que « les choses ont des larmes », et, avec sa vaillante compagne, il décide de se fixer en France définitivement.

Et c'est l'achat de la villa du Vésinet.

Le « home » du peintre, transformé de fond en comble d'après ses plans, est véritablement « la maison de l'artiste ». Tout y parle à l'imagination, tout y est reposoir pour le rêve. Les arbres, les conifères rares qui offrent au pinceau du maître la gamme complète des verts, ont été transportés dans cet oasis par un choix amoureusement, savamment médité ! La collection des fleurs est merveilleuse. La roseraie en particulier est, à la saison florale, une suite d'éblouissements et chante en tonalités prestigieuses comme un orgue où l'on jouerait des suites de Beethoven ou de Schumann.

C'est dans cette villa que MAURICE DUBOIS, homme de travail, homme de foyer, passe la plus grande partie de son existence laborieuse, écoulant le sablier des heures entre son chevalet et sa bibliothèque. Amateur des vers sonores et des proses solides, il affectionne surtout les penseurs. Un jour, je l'ai surpris dévorant, comme un fruit savoureux, les *Grands Initiés* d'Edouard Schuré, et l'artiste, ordinairement silencieux, avare de mots, me commenta avec une admirable élévation de pensée ces pages mirifiques dans lesquelles vibrent les grands secrets...

Chez lui, l'homme est le décalque parfait de l'artiste. La probité de sa peinture, la franchise de sa touche puissante ont pour réplique la probité de sa vie, la franchise de sa parole. Il est généreux sans ostentation. Sa bonté est, pour lui, chose pudique, et un jour, comme on l'invitait devant moi à signer une bonne action, il répondit, de tac-au-tac, à la visiteuse qui venait de la solliciter pour une œuvre :

« — Je ne signerai rien !... Mon nom, chère Madame, ne doit se trouver que sur mes toiles ; là seulement, il est bien placé ! »

MAURICE DUBOIS a conservé tous ses amis de jeunesse et il s'en est fait d'autres, à une époque où l'on doit s'estimer favorisé des dieux, en réussissant à se faire seulement des camarades sûrs. Sa maison est ouverte largement à ces amis. C'est la « Maison du Sage » comme dirait

Louis Artus, du sage qui sait sourire et qui, malgré les blessures de la vie, n'a contre celle-ci aucune haine et estime qu'elle vaut la peine d'être vécue parce que, s'il y a de la souffrance dans la vie, il y a aussi de la beauté, de l'amour et de la bonté !

Et c'est aussi pourquoi ses intimes lui continuent un commerce fidèle et entourent du même attachement, du même culte, et l'homme et l'artiste.

ERNEST DUPONT,

Homme de lettres, Rédacteur en chef

de « L'Avenir »,

Membre de l'Association des Journalistes

départementaux.

L'Exposition Maurice Dubois au Vésinet

PORTRAITS — PAYSAGES — FLEURS — MARINES

Le Républicain de Seine-et-Oise
(VERSAILLES, 25 juin 1927).

Le peintre MAURICE DUBOIS vient de nous convier, pour la seconde fois, à visiter son Exposition annuelle du Vésinet. Nous avons dit, à cette même place, le gros succès obtenu par celle de l'an passé. Le bulletin de victoire se traduisit par plus de huit cents entrées et par l'exode, vers les galeries cotées d'amateurs de New-York, Londres, Paris, de la plus grande partie des toiles exposées.

Je parlais, ces jours derniers, de ce succès à divers artistes, qui ne purent céler et leur étonnement et leur satisfaction en présence d'un résultat qu'ils qualifiaient de « merveilleux ».

Qui eût pu se douter, en effet, qu'en faisant table rase de tous les artifices de la publicité, un artiste ait réussi à drainer, à une demi-heure de Paris, dans son propre atelier, un flot aussi important de visiteurs !

Rarement un résultat apporta plus de réconfort à ceux qui, dans les batailles de l'art avec le « business », désespéraient de voir triompher quelquefois l'effort individualiste.

Voilà un exemple qui devrait être suivi, me disait l'un de mes interlocuteurs. MAURICE DUBOIS a tracé un sillon où il faut marcher. En tout état de cause son initiative d'artiste est d'un intérêt puissant et ne saurait être assez encouragée.

Et ce sont les nombreuses amitiés nouvelles, nées à l'occasion de sa belle exposition de 1926 qui ont décidé Maurice Dubois à ouvrir, à nouveau en juin, les portes de son atelier.

La dernière fois que je vis le grand et probe artiste, il y a quelques mois, comme le soir tombait, il besognait devant une toile où un portrait commençait à vivre. Il jeta son pinceau d'un geste rapide, me tendit les mains et de sa voix sonore il me clama :

— Ça ! c'est de la charité ! Salut au libérateur !

— Sais-tu, ajouta-t-il, que tu me délivres ? Il est bientôt 7 heures du soir, un quart d'heure a été pris pour nourrir l'animal, ajoute les secondes que nécessite l'habillage d'une douzaine de cigarettes et tu te rendras compte du « boulot » en songeant que je suis ici depuis 5 heures du matin. J'ai pétri de la matière comme un boulanger, à pleins bras !

Et comme je lui parlais de la préparation de son exposition, il répartit, sur un ton mineur :

— Oui, évidemment, il y a ça !... mais il y a surtout autre chose... j'ai besoin de me jeter au travail comme on se jette à l'eau quand on veut se noyer. La pensée de l'Exposition est le prétexte apparent, mais il y a l'autre pensée, la pensée obsédante qui vous mord comme le renard du Spartiate, la pensée qui vous creuse le cerveau comme un acide et qui y dessine une vision douloureuse, imprimée à l'eau-forte... Tu m'as compris, mon vieux !...

Dans ses grands et beaux yeux noirs, la goutte de lumière s'obscurcissait. Et il y eut entre nous deux une minute de silence, la minute de recueillement, devant une ombre chère que l'on sentait invisible mais présente et frôleuse...

Oui, j'avais compris !... Quelques semaines à peine s'étaient égrenées sur la journée de la grande épreuve. Au retour des vacances de 1926 à Royan, où le peintre avait travaillé en pleine joie, devant la mer, sa fille aînée dont il avait exposé le portrait au Salon de la Nationale, charmante et fraîche créature de vingt ans, admirable plante humaine qui était partie pour la conquête du bonheur, était enlevée, brutalement, en quarante-huit heures, par la sombre faucheuse. Elle aussi, avait vécu ce que vivent les roses !...

Et le peintre pétrissait la couleur, follement, éperdument, à pleins bras, comme il venait de me le crier, pour voler quelques heures à sa méditation douloureuse...

LES PORTRAITS.

L'exposition à laquelle nous a conviés MAURICE DUBOIS, cette année, est plus importante que la précédente. En outre des paysages, des fleurs et des marines, on y voit sept portraits dans lesquels l'artiste met en plein relief son talent de peintre de la figure.

Nous, ses amis, nous savions qu'il avait souvent le portrait sur son chevalet. De grands industriels, des hommes politiques, des patriciennes sont passés dans son atelier et ont été fixés sur la toile par son pinceau, mais aucun de ces tableaux n'est resté chez le peintre.

Les portraits exposés aujourd'hui, au nombre de sept, sont ceux de ses filles : celui de la chère disparue à laquelle il a voulu rendre hommage et celui de sa fille cadette.

Le panneau central en contient trois dédiés au souvenir douloureux.

C'est l'*Amori et dolori sacrum* de l'artiste. Ces portraits s'intitulent : *La Jeune Fille à la Fourrure, Un Amour de Bébé, Le Repos de la Cigale.*

La Jeune Fille à la Fourrure est le plus important des trois. Le peintre venait d'y jeter les dernières touches quand le vent du malheur passa sur son foyer. Le portrait est traité avec cette fougue mitigée de délicatesse qui est la caractéristique de la manière de l'artiste. Revêtue d'un magnifique manteau de loutre d'un noir puissant, casquée d'un béret esthétiquement chiffonné, la jeune fille laisse deviner la souplesse du corps, la gracilité des lignes, et les tons de la chair éclatent nacrés, veloutés et doux comme les pétales d'une rose blanche.

Le visage finement modelé dégage une joliesse captivante. La fleur du sourire est posée sur l'arc des lèvres et toute la vie intérieure du sujet est dans ce sourire si délicatement matérialisé. C'est une perle de jeunesse qui jette sa clarté sur un écrin en fond de grisaille. La science du dessin et celle des valeurs, la puissance de la technique, font de ce portrait un tableau ravissant.

Dans *Un Amour de Bébé*, nous retrouvons la jeune fille à un an. Ce gentil petit médaillon est traité comme une étude de fleur. De la rosée semble être tombée du pinceau avec de la poussière rose, tant la matière est finement triturée, le tout caressé par un rais d'aurore. Et sur ce rayonnement, l'ombre épaisse de la chevelure qui bat ces tons blancs, roses et blonds de ses boucles noires toutes palpitantes... Ce contraste de tons, cette superposition de tons en autonomie complète, est des plus heureux et des mieux réussis.

Le Repos de la Cigale est un gentil portrait que l'artiste brossa l'été dernier à Royan et dans lequel il donna libre cours à sa fantaisie. C'est léger, pimpant, aérien dirait-on !...

Dans le panneau de droite, une œuvre très importante sort du cadre : C'est l'*Infante au Balcon* où l'artiste a représenté sa fille cadette en costume d'espagnole. Le peintre avait gardé d'un séjour à Séville le souvenir d'une exquise vision de jeune fille faisant partie de la famille amie qui le recevait. Il avait noté sur un album le croquis en couleur de cette juvénile apparition enveloppée d'air tiède et lumineux et il l'avait oubliée. Un jour, alors que nous lisions ensemble un poème du *Jardin de l'Infante* les vers sonores et harmonieux d'Albert Samain éveillèrent le souvenir endormi. Et l'idée vint à MAURICE DUBOIS de transposer du jardin Sévillan au parc du Vésinet la vision esthétique qui a nouveau s'imposait à son regard. Il peignit alors l'*Infante au Balcon*.

La silhouette de la fraîche adolescente, gentiment campée, se détache sur le plan aérien, dans une translucide ambiance. La robe à crinoline rutile sous la caresse chaude des cadmiums qui se marient harmonieusement avec les verts émeraude. Les lignes fines de la figure, d'une pâte légère, modelées en touches délicates, sont encadrées dans l'enveloppement d'une mantille noire qui complète l'accord suave des tonalités. Ce tableau est d'une technique puissante et d'une fort jolie composition.

La jeune fille du peintre a posé pour un autre portrait intitulé *Espièglerie*.

Le coup de pinceau apparaît là désinvolte et rapide comme un coup de raquette. Le corps est gaîné dans une toilette de soie aux tonalités roses. L'étoffe est avivée à touches larges et lance des reflets qui captent les yeux ravis.

L'ensemble se détache dans un fond de jardin et l'œuvre est illuminée par l'expression du visage toute vibrante de vie et laisse deviner qu'un essaim de rêves printaniers voltigent autour de l'adolescente dans une atmosphère d'enjouement.

Dans le panneau de gauche se trouve, dans le centre, une autre œuvre d'importance : *La Cigale et la Fourmi*. C'est un sujet de plein air, où les deux filles du peintre sont représentées. Ce tableau se différencie des précédents en ce sens que le peintre a sacrifié au caractère décoratif, dans le goût de certains maîtres du dix-huitième siècle, mais dans la note moderne.

L'atmosphère d'un paysage d'automne baigne tout l'ensemble du tableau. Dans un temple de l'Amour sis en un coin du parc de la propriété de l'artiste, la Cigale, travestie en espagnole, chante, adossée à l'une des colonnes, en s'accompagnant de la guitare. Sur une marche, est assise la Fourmi, vêtue en bohémienne, la quenouille à la main et filant la laine, tandis que sa pensée file à son tour et semble matérialiser la trame d'un rêve.

Ce tableau est suggestif, de délicieuse manière. Ce n'est point le sujet de la fable célèbre qui s'impose à l'esprit, mais un autre. La Cigale n'est pas encore victime de la saison hostile : elle ne mendie aucune miette et la Fourmi ne cultive point en cette minute la passion avaricieuse.

Le chant de sa voisine, qui s'éparpille dans l'air automnal, lui suggère les idées d'un autre ordre : elle a l'intuition des joies inconnues et comparant la route que la camarade poursuit, elle reçoit l'assaut des désirs chassés, qui reviennent et se vengent, se cristallisant en des regrets lancinants. Car le temple de l'Amour impose sa hantise. Cette toile est brossée en des accords de tons qui sont réellement charmants, où se dégage un sentiment d'exquise sensibilité, et où on ne saurait percevoir la moindre faiblesse.

Une sensibilité servie par une rare pénétration de psychologue et un art très sûr de rendre sur la toile les apports de cette sensibilité, telle est, d'ailleurs, la caractéristique du talent de MAURICE DUBOIS, portraitiste.

L'artiste n'est pas le monsieur qui dit à son modèle · « Placez-vous là, prenez telle attitude et ne bougez plus !» · Ça c'est de la photo picturale. La « pose » n'a jamais été admise devant son chevalet. A l'instar de Reynolds qui disait volontiers : « Moi, je ne regarde pas la tête de mon modèle, mais ce qu'il y a dedans! » MAURICE DUBOIS a horreur de la copie, fût-elle impeccable. Pour lui, la reproduction des traits compte évidemment, car sans un dessin fidèle il n'y aurait pas de portrait possible, mais l'expression qui fera vivre ce dessin est la chose qui importe d'abord, la chose souveraine. Le reste, il le considère comme étant de l'accessoire. Je me souviens à ce propos que, peu de mois avant l'apparition du tableau tapageur de Van Dongen, un ami commun avait eu l'initiative de mettre MAURICE DUBOIS en contact avec Anatole France et d'obtenir de celui-ci qu'il se fasse portraiturer par celui-là. « La seule difficulté, disait cet ami, c'est que France est tout à fait réfractaire à la pose. Il faudra vous résigner à jeter votre dessin en coup de vent ». MAURICE DUBOIS répondit : « J'ai vu quelquefois Anatole France, mais je l'ai surtout vu beaucoup de fois dans ses livres. Un entretien de cinq minutes, répété à deux ou trois reprises et puis je relirai la « *Rôtisserie* »... Cela me suffira ! »

L'ami partit en Amérique et l'affaire n'eut pas de suite, mais cette petite anecdote suffit pour illustrer ce que je viens d'écrire.

Les portraits de MAURICE DUBOIS reflètent en conséquence, de saisissante façon, la vie intérieure du modèle.

Ils ne sont pas seulement des portraits « ressemblants », ils sont aussi des portraits « parlants ». Avant l'ouverture de la présente exposition, un camarade de presse était venu, en ma compagnie, voir la collection de portraits. Devant l'ovale représentant la fille cadette de l'artiste, que le visiteur ne connaissait nullement et n'avait jamais vue, il se mit à s'exclamer : « Oh! la jolie petite espiègle ! » Le peintre et moi-même ne pûmes réprimer un sourire.

— Ah! vous me faites vraiment plaisir! : se récria l'artiste voyez en effet !...

Et sa main, prenant dans le tiroir de sa table le cartel destiné à l'ovale, il présenta l'objet au visiteur. Le cartel portait ce seul mot : *Espièglerie.*

LES PAYSAGES.

Quittons maintenant le coin des portraits où l'artiste nous a fait admirer, en plus de ses dons de psychologue, la sureté de son métier, acquise par quarante-trois années de travail, sa touche classique sainement et intelligemment modernisée, amoureuse des belles pâtes onctueusement appliquées, et continuons la promenade de nos regards en suivant la voie du catalogue. La *Symphonie d'Or* étincelle comme un reposoir dont les ors multipliés chantent un hymne lumineux. C'est une immense trêve de charmes, vue et peinte par une belle journée d'automne, et le soleil crible les feuillages de ses rayons. On a la sensation d'un *tutti* de jaunes allant des plus clairs aux plus foncés, où joue toute la gamme des cadmiums. Devant ce tableau, on se trouve tout de suite en état de grâce artistique. La toile, où le pinceau du peintre, telle une raquette, a envoyé çà et là les balles lumineuses en touches précises, au milieu des ombres qui, elle-mêmes, sont encore de la luminosité, sera considérée comme l'un des joyaux de cette exposition. Il s'en dégage une émotion à la fois mystique et païenne, comme celle qui vous envahit l'âme à la lecture de tel poème de Mme Anna de Noailles...

L'Ancêtre, œuvre robuste, fait valoir la gracilité picturale de la toile dont je viens de parler.

C'est le géant de la forêt, le chêne qui règne sur le royaume forestier et dont les branches harmonieuses se mirent dans un étang en un mouvement d'éternelle jeunesse.

M. Paul Bourget, qui nous parle souvent du chêne centenaire à l'ombre duquel son maître, M. Taine, se plaisait à cristalliser ses pensées philosophiques, cueillerait une joie esthétique devant ce tableau.

Deux autres toiles attestent encore plus intensément la puissance d'exécution et le don d'évocation philosophique de MAURICE DUBOIS. Ce sont : *L'Autre Tranchée* et les *Marais de Saint-Gond*. Ces deux œuvres importantes faisaient partie de l'exposition de 1926. L'artiste, jusqu'à présent, s'est refusé obstinément à les céder aux amateurs. Il les a brossées, en effet, aux heures où nos oreilles étaient encore emplies par le tumulte tragique de la grande tourmente et il y a déposé des richesses de cœur encore plus précieuses à ses yeux que les richesses de son talent. Les visiteurs prolongeront, sans nul doute, leur station devant ces tableaux.

LES FLEURS.

Jetons maintenant un coup d'œil à la roseraie de MAURICE DUBOIS — je parle, bien entendu, de sa roseraie picturale — l'autre (celle du « Paradou » où « tous les rosiers portent roses au beau mois de mai », comme dit le vieil air qui se chantait au temps où l'on ne dansait pas le charleston devant les portraits des ancêtres ni sur les toiles des esthéticiens du cubisme encore à naître) est la roseraie extérieure. Celle-ci a posé pour celle-là, un caprice du vent, au caprice de la lumière.

L'an passé, l'exposition des « portraits de roses » avait été fort copieuse et son succès avait été extraordinaire. Je ne crois pas formuler un jugement téméraire en disant que pas un de ces ovales ou de ces carrés en lesquels les roses étaient enchâssées n'est resté dans l'atelier du peintre. Tout a été cueilli à mains pleines par les amateurs ravis...

Cette année, la roseraie extérieure a encore produit une charmante floraison picturale.

Tous les ans, il en sera ainsi, me disait MAURICE DUBOIS. La peinture de la fleur, croyez-moi, cher ami, ajoutait-il, est le plus cher de mes délassements. La grosse machine est œuvrée dans la joie, assurément, mais aussi dans l'effort. Tout enfantement est douloureux. La fleur, c'est le travail dans la douceur, dans l'enchantement. C'est comme un jardin de rêves que l'on cultiverait. Pour moi, c'est le sonnet ou la ballade du poète après le poème lyrique monté sur des alexandrins, c'est l'ariette d'un petit maître du clavier après l'ouragan wagnerien ou, si vous préférez une comparaison d'un autre ordre, mais que je tiens pour aussi exacte, c'est la cigarette orientale après la « bouffarde » où l'on a brûlé du gros tabac de troupier.

Et l'on sent avec quelle ferveur d'amoureux passionné MAURICE DUBOIS fait revivre les roses sous sa palette. Il les adore toutes d'un amour égal. Son regard a un harem de beautés semblablement chéries et je vous défie, quand vous êtes placé devant ces bouquets de roses dont pas un ne se ressemble, de proclamer l'élu de votre choix et de dire : « Ce bouquet est le plus beau et le mieux réussi ».

Prenez les tous : *L'Ecrin des Roses*, *Le Poème des Roses*, *L'Ame des Roses*, *Frissons de Roses*, *Voluptés florales*, *La Chanson des Roses*, et faites l'expérience. Elle sera concluante.

Toutes ces roses enlacées vivent et charment. Les groupements sont harmonieux et de prestigieuses tonalités, allant des rouges ponceau aux roses tendres, en passant par les rouges vifs, les rouges sanglants, et toutes ces gammes rosatiques chantent sur une pâte suave, d'une exquise fraîcheur.

En un mot, la roseraie picturale de MAURICE DUBOIS est la plus esthétique réplique qui puisse être faite à la roseraie de son « Paradou ».

LES MARINES.

Et voici les marines !

La vision de ces toiles, toutes importantes, passionnera beaucoup d'amateurs. Ces sujets, qui sont particulièrement chers à l'artiste, tiennent une grande place dans l'Exposition de la villa Eugène Delacroix. Leur exécution révèle mieux que tout ce que l'on pourrait écrire la souplesse admirable du talent de MAURICE DUBOIS, l'acuité de son regard, la virtuosité avec laquelle sa touche savante réussit à saisir l'insaisissable, à palper, si l'on peut dire, ce qui est impalpable. Réussir un bouquet de fleurs est à la portée de beaucoup de peintres. La réussite d'une marine est le lot d'un très petit nombre de privilégiés. Le profane, celui qui ne s'est jamais colleté avec la difficulté, celui qui n'a jamais assisté aux luttes du peintre avec la vague qui surgit, s'étale et se meurt en une fraction de seconde, ne peut imaginer la souffrance réelle, ressentie par l'artiste devant l'adversaire fugace qu'il s'est déterminé à vaincre... J'ai vu MAURICE DUBOIS installé devant les rochers de Vallières, face à face de l'assaut incessant donné à la grande côte, guettant, tel un chasseur, le passage favorable de la lame pour fixer celle-ci et lui attribuer la coloration exacte, le mouvement précis : coloration et mouvement qui doivent être « ceci » et non « cela ». Que de fois ai-je entendu la plainte de l'artiste exhalant son artistique tourment ou son cri de triomphe quand il avait gagné la bataille.

— Tu crois, toi, que ce n'est rien de faire une vague, me disait-il un jour!... mais c'est un travail herculéen, mon vieux! Une vague, c'est impondérable, hein! Eh bien, celle-ci — et il me montrait au loin une vague superbe, bondissant comme une cavale sur le gazon de Chantilly, onduleuse, souple et majestueuse — oui, celle-ci... Tu ne croirais pas qu'elle met cent kilos au bout de mon pinceau?... Et puis, essaie de la retrouver maintenant?...

« Rappelles-toi cette phrase épatante du Nouveau Testament que l'on nous citait au Collège, notre cher et vieux Collège de Saint-André de Cubzac : *Transiit et ecce non erat.* Oui : « La vague passe et elle n'est déjà plus! » Veux-tu parier que, de toute la journée, je n'aurai pas la chance de répérer une vague aussi magnifique que celle-là?... » Et MAURICE DUBOIS me disait aussi, en ce temps-là, un de ses désirs, désir réalisé m'assurait-il, quelque part sur la côte bretonne, par un peintre anglo-saxon qui s'était fait ériger contre une falaise une cage de verre, sorte de vaste bocal à poissons, en laquelle il s'installait à l'heure de la marée montante et où, hermétiquement emprisonné, il faisait, dans des conditions d'observation merveilleuses, son métier de chasseur de vagues.

On peut classer les marines de MAURICE DUBOIS en trois catégories : *Les Etudes de grands mouvements, les Etudes d'harmonies, les Scènes de Plage.*

Parmi les études de grands mouvements, le regard du visiteur est tout de suite capté par les toiles suivantes : *L'Assaut de la Vague, La Vague brisée, Effet de Vague, Vague en furie, Vague au Clair de Lune, Rayons dorés, La Caresse aux Rochers, Dernières Flambées sur la Mer,* et enfin, *In Gurgite vasto,* ce morceau superbe d'un si vibrant lyrisme pictural qui traduit si bellement le vers de l'*Enéide...*

L'âme ardente, passionnée, de MAURICE DUBOIS anime puissamment toutes ces études de grands mouvements. La touche de couleur s'abat farouche et fait palpiter les volumes âprement dessinés. Tous les grands amants de la mer, tous ceux qui l'ont comprise avec intensité : un Farrère, un Falk, un Larrouy, par exemple, cueilleront dans ces tableaux de splendides associations d'images ressuscitant telles minutes de leurs croisières...

Devant l'*Assaut de la Vague* et *La Vague brisée* ces vers du poète Eugène Figuière chantaient dans ma mémoire :

Contempler sur la grève une écume orgueilleuse·
En tumulte bondir contre les rochers noirs,
Blanche et bleue sous le dôme écarlate des soirs;
Voir l'écume des mers s'écraser furieuse;
S'écraser et bondir et se garnir de franges,
Bondir du fond du golfe et mourir en bramant,
Et pénétrer en soi, doucement, doucement
Avec un frêle bruit pareil au vol des anges...

Ces marines sont, en effet, de véritables poèmes aussi bien que celles que composent les études d'harmonies, parmi lesquelles je citerai avec enthousiasme : *Effet de Matin, Calme plat, Lever de Lune, Le Grain, Effet de Brouillard, Les Embruns, L'Aube, Effet de Pluie, Les Moutons, Marée haute au Crépuscule, Le Coucher de la Lune.*

Ces titres suffisent, n'est-il pas vrai, pour attester la diversité de ces marines : on peut dire que le peintre a vu la mer sous tous ses aspects, qu'il a feuilleté, étudié, page par page, le livre où elle a étalé tous ses visages, toutes ses attitudes, toutes ses colorations. Le visiteur remarque la différence de diapason pictural dans lequel les grands mouvements, d'une part, et les études d'harmonies, de l'autre, ont été traités.

Chaque toile est dans la gamme qui lui convient. Ici c'est la phrase dramatique d'un Wagner ou d'un Lalo, brutale, véhémente, qui déchaîne son tumulte; là, c'est la sonate d'un Chopin, un chant matinal de Gabriel Fauré ou un rêve de Raynaldo Hahn. Ce contraste stupéfiant vous ferait vous demander si c'est bien le même regard, la même main, le même cerveau créateur qui ont enfanté des œuvres d'inspiration et de technique différentes; si, dans chacune, l'imprégnation spirituelle de l'artiste, encore plus agissante que sa signature, n'en décelait pas la paternité.

Un jour, comme un peintre louait MAURICE DUBOIS de la souplesse de sa technique, de son adaptation immédiate au sujet, notre ami répondit modestement :

— Mais, je n'ai aucun mérite à cela : ce n'est pas ma technique que j'impose à mon sujet, c'est mon sujet qui me l'impose à moi-même. Un déclic mystérieux s'opère dans mon cerveau et ma main obéissante n'a plus qu'à agir...

Et ce mot me remémore un mot identique de Van Gogh, le puissant et subtil peintre hollandais dont quatre tableaux se trouvent au Musée Rodin, disant que sa sensibilité était si aiguë que sa technique lui était inspirée naturellement par l'objet de sa vision.

LES SCENES DE PLAGE.

Les « Scènes de plage » composent une galerie picturale à part. Ici, MAURICE DUBOIS nous dévoile une autre face de son talent. Au peintre puissant, au poète inspiré, transposant ses états d'âme dans ceux de la nature, succède le peintre historiographe de la vie de plages.

Les toiles intitulées : *Farandole Bleue*, les *Trois Gracieuses*, *Fleurs de Plage*, les *Potineuses*, *Paroles dans le Vent*, le *Bain des Enfants*, l'*Amour mouillé*, l'*Appel du Large*, *Rêves de Sirènes*, *Après-midi blonde*, etc., sont autant de petites nouvelles charmantes. C'est frais comme un conte d'Alphonse Daudet, finement observé comme une page d'Henri Duvernois.

Le cadre de cet article a ses limites. Je ne puis décrire tous ces tableautins, mais je ne connais rien, dans le genre, qui soit plus prestement croqué. Ce sont les mille et un incidents de la vie balnéaire, surpris à la volée et fixés avec une maestria extraordinaire. MAURICE DUBOIS se révèle philosophe souriant, épicurien raffiné et son pinceau est tantôt imprégné d'une mélancolie profonde et communicative, comme dans ce délicieux *Appel du Large* où l'imagination du visiteur peut jeter tout un bouquet de rêveries...

Et le peintre se révèle aussi, dans ces scènes, amoureux

des belles lignes, des volumes bien équilibrés, des chairs resplendissantes, des mouvements esthétiques.

Les « Scènes de plages » auront un gros succès et elles prendront rapidement, sans nul doute, le chemin des petits salons de nos jolies villégiaturantes, les petits salons où nos Parisiennes ne pontifient pas, ne sacrifient pas à la religion du « monde », mais où, la cigarette blonde tendue à l'arc des lèvres coralines, elles se plaisent à remettre leur pensée devant l'écran des souvenirs de Deauville, de Biarritz, de Royan ou du Touquet...

Et je clos, sur cette souriante vision, cet article dans lequel j'ai dit toute ma joie d'avoir formulé ma pensée sur le beau peintre de la Villa Eugène Delacroix, dont l'œuvre puissante vaut non seulement par la maîtrise de sa technique, la richesse de la matière, mais surtout par la belle flamme spirituelle qui l'anime et qui la fera durer...

GABRIEL AQUITAIN,
Critique d'art.

TABLE DES MATIÈRES

Paris & Courtrai. — Imprimerie Jos. VERMAUT, Courtrai.
(*Imprimé en Belgique.*)

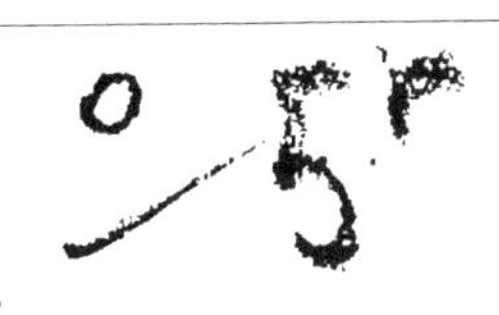

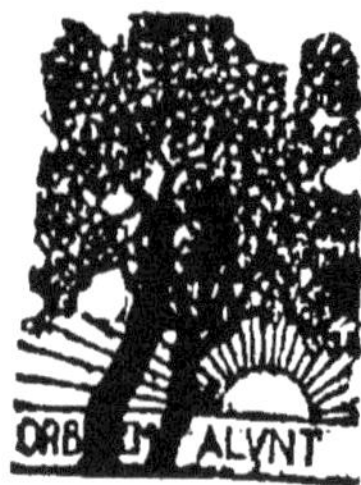

EUGÈNE FIGUIÈRE, Éditeur

17, Rue Campagne-Première à PARIS

Téléphone : Littré 84-49
Chèque Postal : Paris 364-76

Directeur Littéraire : F. de Joannis. -- Directeur des Services de Presse : Jacques Salève.

DERNIÈRES NOUVEAUTÉS

LE RELIQUAIRE DE LA MORT, par *Georges ANQUETIL.*

Sous une couverture bleu et or, d'après un bon relief en or repoussé du IXe siècle, orné de hors-texte polychromes, d'après les miniatures et les enluminures des plus somptueux livres d'heures du moyen âge, ce volume appelé à un retentissement mondial et à une profonde répercussion, est au surplus un pur joyau de bibliophile.

Un magnifique volume in-8º. Couv. . . . . **10 fr.**

LE PETIT MUSÉE FIGUIÈRE

Collection unique au monde qui doit permettre à tous l'étude et l'enseignement des œuvres des grands peintres de l'humanité. Dans le format in-24º jésus, texte de Georges G. TOUDOUZE, tiré en deux couleurs, ornées de très nombreuses reproductions en quatre et cinq couleurs, ces jolis volumes sont de véritables objets d'art.

DÉJA PARUS :

REMBRANDT, VELASQUEZ. RUBENS, Léonard de VINCI.

A PARAITRE TRÈS PROCHAINEMENT :

RAPHAËL, MICHEL-ANGE, MURILLO, GOYA, DURH,
COROT, MANET, van GOGH, etc., etc.

Chaque volume au prix étonnant de . . . . , ... **3 fr.**

LE MUSÉE DU XXe SIÈCLE

Dans la célèbre collection du *Musée du XXe Siècle* prennent place les meilleurs peintres, sculpteurs, graveurs ou musiciens de ce temps connus ou inconnus. Présentés avec soin dans le format classique, véritables miroirs de l'esprit artistique de notre époque, ces jolis livres, tout en intéressant les lecteurs, contribueront à faire connaître, à classer, à sauver de l'oubli, même après leur mort, des noms d'artistes et certaines de leurs plus belles œuvres.

Les artistes peintres, sculpteurs, graveurs ou musiciens, désireux de figurer dans cette collection particulière, sont priés de s'adresser à l'éditeur Eug. FIGUIÈRE, 17, rue Campagne-Première à Paris.

www.ingramcontent.com/pod-product-compliance
Ingram Content Group UK Ltd.
Pitfield, Milton Keynes, MK11 3LW, UK
UKHW022111170726
13837UKWH00003B/1168